Die Akte EX

Tough times never last, tough people do!

von
Nadine Remy-Ludwig

www.tredition.de

© 2021 Nadine Remy-Ludwig

Autorin: Nadine Remy-Ludwig

Lektorat: Jeanette Vogel
Umschlaggestaltung: Nadine Remy-Ludwig

Verlag & Druck: tredition GmbH, Halenreie 40-44, 22359 Hamburg
ISBN: 978-3-347-26010-8

Bibliografische Information der Deutschen Nationalbibliothek:
Die Deutsche Nationalbibliothek verzeichnet diese Publikation in der Deutschen Nationalbibliografie; detaillierte bibliografische Daten sind im Internet über http://dnb.d-nb.de abrufbar.

Inhaltsverzeichnis

Vorwort 9

Der Ursprung 11

Der EX 17

Meine Anwältin 19

Der Sohn 21

Die Anwälte des EX 23

Die NEXTEN 25

Die Verfahren 28

Die Hintergründe der Jahre 2009 bis heute 40

Mein Mann 45

Heute 46

Nachwort 47

Danksagung 50

Für Dich, Hugo Spahn… IMMER

Tausend Träume weit….

08.09.2026 – Dein 18.Geburtstag

Las Vegas

18 Black Jack Spiele

18 wirkliche schlechte Karaoke-Songs singen

18 unnütze Souvenirs kaufen

Happy Birthday mein Herz!

I love you more.

Mother

Vorwort

Von Rechtsanwältin Natalie von Deringer

Ich bin seit 15 Jahren Rechtsanwältin und habe die Erfahrung gemacht, dass sich der Mandant in der Regel den Anwalt sucht, der zu ihm passt. Eine Ausnahme von der Regel liegt zum Beispiel dann vor, wenn der Mandant fremdgesteuert ist. Letzteres ist für das Mandatsverhältnis häufig kein gutes Omen und führt dazu, dass dieses nicht von langer Dauer ist.

Dass Frau Remy-Ludwig und ich harmonieren, haben die letzten zwölf Jahre unzweifelhaft gezeigt. Wir sind uns im Vorgehen unausgesprochen einig, staunen über die Antriebslosigkeit des EX und die wechselnden NEXTEN, die immer neue gegnerische Kollegen ausfindig machen.

Frau Remy-Ludwig beschreibt in den folgenden Seiten anschaulich ihre Auseinandersetzungen mit dem EX seit der Trennung, die sie zu einer alleinerziehenden Mutter eines „Spaltkindes" machte. Die Verfahren sind ungezählt und werden mit Ausnahme der vermögensrechtlichen Auseinandersetzung und den diesbezüglichen Vollstreckungsverfahren in der gebotenen Kürze dargestellt. Denn letztlich geht es nicht um die gerichtlichen Verfahren, sondern darum, nicht den Mut zu verlieren und wie Frau Remy-Ludwig mit Bravour und viel Bedacht ein Kind unbeschadet von allen Angriffen zu einem stabilen Menschen heranwachsen zu lassen.

Ihre Rechtsanwältin

Natalie von Deringer
www.vonderinger.com

Der Ursprung

Liebe Leserinnen und Leser,

wie kam es eigentlich dazu, dass ich das Gefühl hatte, meine Geschichte könnte andere interessieren und ihnen vielleicht sogar Mut machen? Etwas in mir sagte:

„Erzähle deine Geschichte, erzähle was Du durchgemacht hast. Erzähle, dass man dies alles überwinden kann. Und wenn dies der Survival-Guide für auch nur eine einzige Person sein sollte, dann ist es das alles wert."

Ganz bestimmt hat meine Anwältin dazu beigetragen. Ich weiß gar nicht mehr, wie oft sie zu mir sagte: „Frau Remy, das habe ich so auch noch nicht erlebt". Die ersten konkreten Gedanken, mein Erlebtes in eine geordnete Papierform zu bringen, kamen mir im November 2020. Meine Anwältin bat mich – in Vorbereitung auf das nächste Verfahren – eine Top 10 des Erlebten der letzten 12 Jahre zu erstellen. Dieses Schriftstück sollte dem Richter (ein anderer als im Jahr 2019) einen Eindruck dieser Zeitspanne vermitteln, ohne ihm einen 20-seitigen Schriftsatz präsentieren zu müssen. Innerlich stöhnte ich und rollte mit den Augen. Schon wieder im Urschleim wühlen! Findet das nie ein Ende? Das gemeinsame Kind ist zwölf Jahre, der EX und ich sind seit zehn Jahren geschieden.

Ich packte sämtliche Ordner (was nicht gerade wenige sind, denn in all den Jahren sammelt sich so einiges an) zusammen und fuhr in meine Praxis, um mich an die Aufstellung zu setzten. In meiner Praxis verfüge ich über ein professionelles Arbeits-Ich: Wenn ich dort bin, bin ich gefestigt und selbstsicher. Ich bin ein großes Fangirl der Aromatherapie und ich reagiere sehr positiv darauf. Ich mixte mir eine Vanille-Orange Mischung, stellte den Diffusor an, machte Kaffee und legte los. Allein die Aufstellung, wann es welchen Prozess gab, kostete mich einige Stunden. An die Urteile konnte ich mich in den meisten Fällen noch gut erinnern. Es überraschte mich jedoch beim Durchblättern der „Ollen Kamellen", wie viel ich bereits vergessen hatte. Und wie wenig es noch mit mir machte, wenn ich das alles las. Bei vielen Mails an meine Anwältin war ich damals so aufgebracht, so wütend und verzweifelt. Und ganz oft überfordert. Überfordert, mich mit diesen unwahren Inhalten in den Schriftsätzen der Gegenseite zu konfrontieren, darauf sachlich zu antworten, dort aufgestellte Behauptungen zu widerlegen und quasi „nebenbei" mein Kind und mich zu versorgen. Es ist kaum möglich, sich selbst in dieser Zeit nicht zu verlieren. Ich hatte mir damals ein Versprechen gegeben: Ich stehe jeden Tag auf, ich ziehe mich jeden Tag an und ich werde dieses wundervolle Kind großziehen, ihm Werte und Anstand vermitteln. Das war und ist auch heute noch mein Antrieb.

Viele, die mich heute kennenlernen, sind sehr überrascht, wenn Sie von meinem Lebenslauf hören. Ein ehemaliger Chef nannte mich einen „Freigeist, den es nie irgendwo länger als ein paar Jahre halten würde". Ich wusste damals nicht, ob dies ein Kompliment sein sollte und habe mir auch keine weiteren Gedanken darüber gemacht. Mir ging es immer darum, die bestmögliche Lösung zu finden, welche a) mich und das Kind ernähren konnte und b) unlösbare Betreuungsprobleme vermeiden würde. Mit diesem Anspruch wird es über die Jahre dann recht bunt und vielfältig in der eigenen Vita. Als examinierte Krankenschwester hat man seit Beginn des Pflegenotstandes vor vielen Jahren das große Glück, immer eine Stelle zu bekommen. Ich arbeite sehr gerne in meinem gelernten Beruf. Daher fand ich im Krankenhaus eine für mich und meine Situation passende Stelle, als das Kind circa 1,5 Jahre alt war und die Umgänge zwischen dem EX und dem Kind funktionierten.

Als sich diese Situation plötzlich änderte, wurde es für mich zu einem Eiertanz. Ohne die Unterstützung meiner Familie – insbesondere meiner Mutter – wäre ich aufgeschmissen gewesen. Es musste ein neues Jobmodell her. Ich begann also mit der Zusatzausbildung zur Pharmareferentin und trat danach eine Stelle als Vertriebsleitung an. Diese Stelle ermöglichte mir sowohl die Arbeit im Homeoffice als auch selbstgewählte Termine bei Kunden. Außerdem gab sie mir finanzielle Freiheit. Ich war wieder in der Lage, mein Kind und mich unabhängig von Dritten zu versorgen. So „hangelte" ich mich mit der Unterstützung meiner Familie und meines zweiten Mannes durch die Kindergarten- und

Grundschulzeit des Kindes. Oft habe ich vor Wut geweint, beispielsweise wenn ich – wieder einmal – das Sportfest des Kindes verpasst hatte… Weil ich arbeiten musste und gerade in Wien Zahnärzte schulte, während der EX Spaß mit dem Kind hatte und präsent war. Ich war nicht wütend, weil das Kind Spaß hatte und sein Vater vor Ort war und ihm zusah. Der Grund war vielmehr, dass ich permanent arbeitete, um dem Kind eine finanziell abgesicherte Zukunft bieten zu können.

An solche Episoden erinnerte ich mich an diesem Tag am Schreibtisch meiner Praxis. Gegen Abend hatte ich tatsächlich die von meiner Anwältin gewünschte Top 10 in ein Word Dokument gebracht. Ich gab diesem Dokument den Namen „Er macht sich die Welt wie sie ihm gefällt" und schickte es an meine Anwältin. Da hatte ich die ersten Ideen zu dieser Lektüre. Natürlich kaute ich erstmal weiter darauf herum, wie es häufig meine Art ist. Fälschlicherweise werde ich oft für sehr spontan gehalten. Das ist jedoch meist gar nicht der Fall. Ich denke häufig tagelang über etwas nach, ohne darüber zu kommunizieren. Ist es wirklich so schlau, sich wieder mit alldem zu befassen? Löst das etwas bei mir aus? Habe ich genug Abstand, um das Geschriebene nicht mit meinen Emotionen zu belegen und damit zu verwässern? Ich habe mich dafür entschieden, die einzelnen Prozesse neutral zu beschreiben und die jeweiligen Urteile knapp formuliert wiederzugeben. Meine persönlichen Anmerkungen spielen dabei nur eine untergeordnete Rolle. Mein Mann fragte mich: „Was soll der Sinn sein bei deinem Projekt und wer soll es lesen?" Ist dies ein Ratgeber? Vielleicht. Es beschreibt meine Geschichte, an deren Umfang und Komplexität die Geschichten anderer Trennungen kaum heranreichen werden. Zum Glück. Ich möchte Mut machen und aufzeigen, dass man das alles überleben kann – auch wenn es sich in der ersten Zeit nie danach anfühlt.

Wäre mir in den ersten Jahren der Trennung jemand mit dem heute so oft benutzten Wort der „Achtsamkeit" gekommen, hätte ich oft nicht einmal die Energie gehabt auch nur müde darüber zu lächeln. Die Kleinkindjahre als alleinerziehende Mutter sind keine Jahre, in denen Achtsamkeit, Selfcare und Selbstliebe großen Platz haben. Da gaukeln uns die sozialen Medien heute ein völlig falsches Bild vor. Was lediglich dazu führt, dass man sich noch schlechter fühlt –

geradezu wie eine Versagerin. Wie jetzt? Es bleibt nach dem Job, dem Haushalt und der Versorgung des Kindes keine Zeit mehr, bei einer Tasse Tee zu meditieren, die Klangschalen erklingen zu lassen und gesundes, möglichst noch biologisch korrektes frisches Essen auf den Tisch zu bringen? VERSAGERIN schreit es einem aus der schönen Fake-Welt des Internets entgegen. Machen wir uns doch nichts vor: Es gab genügend Abende, an denen eine Tütensuppe, eine Fertigpizza oder Chicken Nuggets mit Pommes einfach reichen mussten. Und das Einzige, was noch schwang war an manchen Abenden die Weinschorle in meinem Glas oder die Wäsche in der Maschine.

Fakt ist: Man überlebt das! Lasst Euch nicht blenden, von den Supermamis, die scheinbar spielend leicht und mühelos – auch ohne Mann – einen super Job, die Kindererziehung und sogar ein perfektes Aussehen hinbekommen. Jeder hat sein eigenes Tempo und seine eigene Belastbarkeit. Jedes Päckchen ist individuell schwer. Manche schaffen mehr und manche schaffen weniger. Manche gehen unbeschadeter aus Trennungen heraus als andere. Aber ich habe niemanden getroffen, der keine Federn gelassen hat. Die Frage ist nur: Wie viele Federn? Und wann beginnt wieder das „Leben" statt nur das „Überleben"?

Trotz meiner Ausbildung zur Heilpraktikerin fühle ich mich mit einigen Behandlungskonzepten nicht so richtig wohl. Wahrscheinlich bin ich doch zu sehr von der Schulmedizin geprägt und kann Globuli und Co. zu wenig abgewinnen. Die Ausbildung war sehr lehrreich, ich stellte jedoch fest, dass ich mich innerlich gegen viele der Therapieverfahren sperre, weil sie mich nicht überzeugen konnten. Den Ansatz, jede Patientin und jeden Patienten ganzheitlich zu sehen, praktiziere ich hingegen leidenschaftlich. Vielen Klientinnen und Klienten, die meine Praxis zum ersten Mal besuchten und eigentlich „nur" eine Behandlung der ästhetischen Kosmetik suchten, liefen in unserem Anamnesegespräch plötzlich die Tränen. Weil so viele Traumata jahrelang im Verborgenen bleiben. Dafür sorgt ein Mechanismus, der „dissoziative Amnesie" genannt wird. Das Erlebte wird – aus Selbstschutz – in unserem Gehirn in einzelnen Splittern ablegt. Das Trauma wird praktisch portioniert und in viele kleine Einzelteile eingefroren. Trotzdem ist es weiterhin vollständig vorhanden. Als Beispiel: Wird eine 1-Liter-Wasserflasche (das Trauma) auf zehn Gläser verteilt (die Portionierung), dann bleibt am Ende trotzdem ein Liter Wasser übrig – auch wenn er verteilt wurde. Durch diese Verteilung wird das weitere Überleben gesichert, sogar über viele Jahre. Weil das komplette Erlebnis unerträglich wäre. Leider findet bei dieser Splittung des Traumas aber meist keinerlei Verarbeitung statt. Daher reicht manchmal nur das kurze Streifen eines verborgenen Triggerpunktes und ein Splitter bricht auf und hinterlässt eine blutende Wunde. In meiner Praxis beginnt dort, an so einem schmerzhaften Punkt, meine Arbeit. Ich bin ausgebildete EMDR Therapeutin. EMDR ist ein von der WHO anerkanntes Verfahren zur Verarbeitung von Stress, Traumata und Belastungsstörungen. Ich frage mich sehr oft: Warum kommen die Klienten erst in meine Praxis, wenn es schon ein Trauma gibt? Wo sind und waren ihre Begleiter bei den Prozessen, die sich viel früher (meist sogar Jahre vorher) abgespielt haben? Wenn wir im Krankenhaus Patienten haben, denen eine Amputation eines Körperteils bevorsteht, dann machen wir für diese Patienten einen Gesprächstermin mit der Psychologin **VOR** der Operation und nicht erst, wenn das Körperteil entfernt wurde. Warum denken noch heute so viele Betroffene, dass sie alles alleine schaffen müssen? Warum holen sie sich erst Hilfe, wenn das Trauma längst passiert ist?

Ich schätze mich selbst als eine Person mit einer gesunden Psyche ein. Ich bin weder hochsensibel noch sonderlich empfindlich. Dafür besitze ich jede Menge Empathie. Und ich neige dazu, Fehler und Schuld erstmal bei mir zu suchen. Daher haben mir die letzten Jahre enorm zugesetzt und mir einige schlaflose Nächte beschert – und sicher auch mehr als nur das ein oder andere graue Haar. Verzweiflung, Hoffnungslosigkeit, Trauer, Wut, Angst… dies alles habe auch ich mehr als nur einmal erlebt.

Natürlich fand ich in meiner Anwältin immer eine Ansprechpartnerin. Sie erklärte mir jeden juristischen Vorgang, reduzierte die Schrift-sätze der Gegenseite auf die wesentlichen Inhalte, auf die es zu antworten galt. Aber die juristischen Vorgänge sind nur ein Teil des Puzzles. Wem erzählt man, dass die Gegenseite in den neusten schriftlichen Vorträgen das Gericht auffordert, doch besser mal die

Erziehungsfähigkeit dieser fürchterlichen Mutter überprüfen zu lassen? Nicht, dass ich jemals daran gezweifelt hätte, aber ist ein: "Haha, man möchte gerne meine Erziehungsfähigkeit überprüfen lassen" wirklich so ein Schenkelklopfer auf einer Party? Oder müsste ich dann vielleicht doch in das ein oder andere fassungslose Gesicht schauen? Bei vielen überwiegt die Scham. Die Scham, dass vielleicht doch etwas dran sein könnte an diesen Behauptungen. Hier ist es unbedingt nötig, zu reflektieren! Heute reichen bei mir in diesem Fall wenige Minuten aus. Ein klares und laut ausgesprochenes „NEIN" mir gegenüber und das war es! Es war ein langer Weg bis dahin… Vor zehn Jahren hätte mich das mindestens fünf Tage lang beschäftigt.

Wie kommt man dahin? Warum bin heute da wo ich bin? Ich habe eine Anwältin, die mich berät und ich habe meinen Mann. Mein Mann hat mir zugehört. Und auch wenn er nie selbst solche Dinge erlebt hat, so hat er ein Gespür dafür, wie man durch Gespräche scheinbar unlösbare Situationen angeht und entwirrt. Mein Mann ist ein Analytiker. Er ließ mich toben, wenn es nötig war. Aber er unterbrach mich, wenn er der Meinung war, dass es genug war und hielt so das selbstzerstörerische Hamsterrad an. Das ist das entscheidende Werkzeug: Das selbstzerstörerische Hamsterrad anhalten und durchatmen. Dieses Werkzeug kommt heute aus mir. Ich habe gelernt, mein eigener Hamsterradbremser zu sein.

Viele Abende habe ich gemeinsam mit meinem Mann im Urschleim gewühlt. Die Kunst dabei ist: Erkennen, wann Schleim wirklich nur noch aus Schlamm und Dreck besteht und wann es sich lohnt – auch wenn es schmerzhaft ist – weiter zu wühlen und zu sieben. Mein Mann ist der einzige Mensch in meiner Welt, der mir das Gefühl vermitteln kann, dass selbst im schmutzigen und knietiefen Urschleim auch manchmal glitzernde und schöne Steine zu finden sind. Er würde es nie so beschreiben – dies sind meine Empfindungen. Die schönen, glitzernden Steine stehen dabei für Erkenntnis. Und für Heilung. Und dafür, wie weit ich gekommen bin.

Der EX

Kennengelernt haben wir uns im Jahr 2007. Ich war beruflich viel unterwegs und kam aus einer unglücklichen Liebesbeziehung. Mein EX-Mann war zum Zeitpunkt unseres Kennenlernens noch liiert, diese Beziehung beendete er jedoch sehr schnell. Er verkörperte alles, was mir in meiner vorherigen Beziehung fehlte und vor Allem: er wünschte sich ein Kind! Dies war im Nachhinein mit Sicherheit das ausschlaggebende Detail, was uns ein halbes Jahr nach unserem ersten Date vor das Standesamt führte. Ziemlich genau zwei Wochen nach unserer Hochzeit wurde unser gemeinsamer Sohn gezeugt und erblicke im September 2008 das Licht der Welt.

In diesem Tempo ging es weiter, die Trennung erfolgte im April 2009. Der EX zog zurück in seine Heimatstadt, 150 km entfernt von dem Wohnsitz des Kindes. Der Umgang lief sehr gut: er sah das Kind jedes Wochenende, um die Möglichkeit zu haben, eine gute Bindung aufzubauen. In dieser Zeit zog ich mich entweder innerhalb der Wohnung zurück oder verbrachte die Zeit bei meiner Familie. Da wir immer getrennte Konten hatten, stellte sich natürlich die Frage nach einer finanziellen Regelung. Ich bezog zu diesem Zeitpunkt Elterngeld. Das gemeinsame Kind war bei der Trennung gerade einmal sieben Monate alt. Vorab war bereits geplant, dass ich auf jeden Fall – auch ohne Trennung – nach Ablauf der Elternzeit meine bisherige Arbeitsstelle in Teilzeit wieder antrete würde.

Meine finanzielle Situation war sehr überschaubar: Ich bekam Elterngeld und die Miete der einst ehelichen Wohnung zahlte ich nun alleine. Ich hatte ein altes, gebrauchtes Auto und ein Kind zu versorgen. Also begann ich, mich zu informieren. Ich bekam von meiner Rechtsschutzversicherung eine Liste mit Anwälten in der näheren Umgebung; dort würde mir die Versicherung ein Erstberatungsgespräch bezahlen. Alle weiteren familienrechtlichen Angelegenheiten sind finanzielle Privatvergnügen. Es sei denn, die verfügbaren finanziellen Mittel sind so überschaubar, dass Verfahrenskostenhilfe bei Gericht beantragt werden kann – und selbst dann muss meist ein geringer monatlicher Abtrag gezahlt werden.

Das heutige Verhältnis zum EX ist praktisch nicht vorhanden. Das Kind ist zwölf Jahre und kann seine Kommunikation mit dem Vater in größten Teilen selbstständig bestreiten. In der Zeit zwischen den Umgängen telefonieren sie mehrmals die Woche. Einmal pro Jahr wird ein Umgangsplan per Mail versendet, ebenso wie die Zeugnisse oder relevante Arztatteste. Die Elternkommunikation per WhatsApp beschränkt sich auf: "Hallo, wann wirst Du Freitag da sein, um das Kind zu holen?" oder „Hallo, Kind schreibt nächste Woche Mathe, bitte nochmal üben".

Persönliche Übergaben finden nicht mehr statt – was mir persönlich sehr guttut. Heilung braucht Raum. Raum, den ich heute selbst bestimmen kann. Ein gutes Gefühl!

Meine Anwältin

Mein erstes Treffen mit meiner Anwältin fand Ende April 2009 statt. Warum gerade sie auf der Liste meiner Rechtsschutzversicherung stand, weiß ich nicht. Ich kann nur sagen: Ich hatte unglaubliches Glück! Da ich keine Erfahrung mit Fachanwälten für Familienrecht hatte und mir niemand im Bekannten- oder Freundeskreis ein Rat geben konnte, traf ich meine Wahl nach zwei Kriterien: Es sollte eine Frau sein und die Kanzlei sollte in der Nähe sein.

Bei unserem ersten Termin ließ sie mich die aktuelle Situation schildern und erklärte mir, was auf mich zukommen würde. Sie war sehr direkt und klärte mich vollumfänglich darüber auf, dass es toll wäre, wenn der EX freiwillig Trennungsunterhalt und Kindesunterhalt zahlen würde – sie aber hier klar von Einzelfällen spricht. Meist würden sich die Eltern vor Gericht sehen, da sie sich als EX-Paar nicht einigen könnten. Sie erklärte mir, dass ich zuerst meinen EX außergerichtlich und schriftlich zu einer Zahlung des Trennungsunterhalts auffordern müsste. Dies wäre so vorgesehen, um ein Datum der geltend gemachten Ansprüche nachweisen zu können. Ich hatte durch die getrennten Konten nie wirklich Einsicht in die Vermögensverhältnisse (Gehalt und Mieteinnahmen aus einem Mehrgenerationenhaus) des EX. Daher setzte ich in meiner Zahlungsaufforderung an ihn einen Betrag ein, den ich für mich und das Kind für angemessen hielt, der ihm aber nicht finanziell die Luft abschnüren sollte.

Meine Anwältin runzelte damals die Stirn, als sie die Zahl sah. Sie erklärte mir, dass das wirklich nicht sehr viel wäre und dass mein EX schlecht beraten wäre, wenn er sich nicht auf meinen Vorschlag einlassen würde. Ich hielt trotzdem an diesem Betrag fest. Aus Fairness. Für ein friedliches Eltern sein können. Dafür, dass jeder ein Leben nach dem Ende dieser Ehe führen kann. Ich hielt es für fair und zukunftsorientiert... Ich sollte so verdammt eines Besseren belehrt werden in den nächsten zwölf Jahren.

Meine Anwältin hat mich konstant in jedem der nachfolgend aufgeführten Prozesse begleitet. Dass diese Kontinuität von einer immensen Wichtigkeit ist, kann ich heute (im Januar 2021) mit

Bestimmtheit sagen. Natürlich ist auch das Verhältnis zu seiner Anwältin ein Prozess, der über Jahre wächst. Das Vertrauen in das
Können des anderen und gleichzeitig das Erfüllen der erforderli-
chen Maßnahmen ist dabei wichtig. Besonders an ihr ist ihr sehr
professionelles Auftreten. Sie hat in den Jahren sämtliche meiner
hochemotionalen, manchmal auch durchaus ausfällig werdenden
Antworten auf Schriftsätze der Gegenseite reguliert und juristisch
korrekt verpackt. Einer ihre Lieblingssätze an mich ist: „Frau Remy,
das möchte ein Richter nicht lesen. Das ist für ihn nicht relevant."
Trotzdem durfte ich wütend schreiben, anklagend schreiben, eska-
lieren und beim Kommentieren der Schriftsätze der Gegenseite so
richtig Dampf ablassen. Sie ließ es zu. Oft genug schrieb ich ihr
einige Stunden später – nachdem die erste Wut rausgelassen war
– relevante und sachliche Anmerkungen, mit denen sie dann arbeiten konnte.

Mittlerweile haben wir sogar einen gemeinsamen Lieblingsspruch,
wenn (mal wieder) ein neues Verfahren des EX ins Haus steht:
„Dann wühlen wir mal wieder im Urschleim".

Humor ist, wenn man trotzdem lacht.

Danke!

Der Sohn

Ich möchte das Kind nur am Rande vorstellen. Der Sohn war und ist von seinen beiden Eltern gewollt und geliebt. Warum das Kind trotzdem oft genug Gegenstand der Auseinandersetzungen ist, sowohl in den diversen Unterhaltsverfahren als auch in den Verfahren der elterlichen Sorge: Das Kind wurde mit einer Lippen-Kiefer-Gaumenspalte links geboren. Im weiteren Lebensverlauf wurden folgende Diagnosen gesichert:

- Sprachentwicklungsstörungen

- Mischform des Asthma bronchiale

- Multiple Atemwegsallergie: Frühblüher, Katzenhaare, Hundehaare, Milben, etc.

Das komplexe Zusammenspiel der verschiedenen Erkrankungen ist für einen Laien schwer verständlich. Der Sohn hatte mit fünf Monaten seine erste Operation, eine Nasenbodenplastik. Er leidet dadurch unter einer massiven Verengung des linken Nasenflügels – das heißt: Das linke Nasenloch ist deutlich kleiner. Daher verstopft es leichter und seine Nasenatmung ist schnell beeinträchtigt. Dies wiederum ist ein Problem bei den Atemwegsallergien. Eine Frühblüherallergie ist einem Heuschnupfen gleich und dessen Symptomen: brennende, tränende Augen, Niesanfälle und eine verstopfte Nase. Wie schlimm die Symptomatik bei einer Person ist, deren Nase einseitig verengt ist, lässt sich somit vielleicht leichter nachvollziehen. Außerdem haben seine Allergien noch die schlechte Angewohnheit, zusätzlich seine Lunge zu befallen. Das heißt, es kann sich Atemnot durch Verengung der Bronchien einstellen.

Bei einer Lippen-Kiefer-Gaumenspalte handelt es sich um eine angeborene Fehlbildung. Das bedeutet, dass sie meinen Sohn noch bis ins Erwachsenenalter begleiten wird. Die Betonung der angeborenen Fehlbildung spielt eine wichtige Rolle in den Verfahren. Sie ist nicht gleichzusetzten mit einem Beinbruch, der mit einmal gerichtet wird und bei dem dann nach einigen Wochen eine vollständige Genesung erfolgt. Bei einer Lippen-Kiefer-Gaumenspalte ist dies trotz erfolgreichen Operationen nicht der Fall. Hier sind die weiterhin benötigten Behandlungen umfangreich und weitere operative Eingriffe sind in der Pubertät und auch nach Abschluss des Wachstums nie ausgeschlossen.

Der Stand im Januar 2021 ist: dem Kind geht es sehr gut, er geht in die 6. Klasse eines Gymnasiums. Er besucht seinen Vater alle 14 Tage am Wochenende. Alle Ferien verbringt er hälftig bei ihm und unter der Woche telefoniert er mit seinem Vater.

Mein Sohn liebt seinen Vater sehr. Das ist wichtig und richtig.

Die Anwälte des EX

Eins vorab: Ob der EX seine Anwälte immer selbst ausgesucht hat bleibt fraglich.

Der erste EX-Anwalt
2009-2012

Der erste Anwalt wurde dem EX von seiner damaligen Chefin empfohlen. Ein Freund der selbigen. Ein wirklich netter und höflicher Mann – besonders, wenn man die Nachfolger kennengelernt hat. Nie ist er ausfallend geworden oder unter die Gürtellinie gegangen. Dass es seinen Schriftsätzen oft an Inhalt fehlte, dafür konnte er nichts. Unglücklich war natürlich, dass er kein Fachanwalt für Familienrecht war und es daher einfach nicht sein Gebiet war. Das hätte der EX nach zwei Prozessen, die deutlich zu seinen Ungunsten ausgingen, auch bemerken können. Unvergessen das Gestammel dieses Anwalts, als er alleine mit mir und meinem Rechtsbeistand am OLG stand. Danach verschwand dieser erste Anwalt. Meine Vermutung: Wahrscheinlich war er nach 4 Jahren bedient.

Der zweite EX-Anwalt
2012

Auch bei der Wahl des neues EX-Anwalts hatte eine Frau die Finger im Spiel: die neue NEXT. Der neue Anwalt kam aus der Stadt, in der die neue NEXT wohnte. Zufall? Wohl eher nicht! Hier war das Motto deutlich zu erkennen: „Jetzt kommt mal ein Anwalt aus einer großen Stadt in NRW in das Nest im Westerwald und zeigt den Dorfbewohnern wie es läuft". Das Ergebnis ist im Jahr 2012 nachzulesen. Mit der NEXT verschwand auch der neue EX-Anwalt. Wir hatten also nur einmal das Vergnügen miteinander.

Die dritte EX Anwältin
2020-?

Auch hier liegt die Vermutung nahe, dass die NEXT für Nachschub gesorgt hat. Es war scheinbar aus ihrer Sicht einfach nicht möglich, dass der EX in all den Jahren keinen Prozess für sich entscheiden konnte. Unglaublich, wo ihn doch sogar seine neue Anwältin für einen so patenten Mann hielt! Das ließ sie sogar in einem Schriftsatz verlauten. Ich hatte durchaus Verständnis für Ihre Argumentation, denn mich hatte der EX ja auch vor 14 Jahren so begeistert. Scheinbar war die Gegenseite nun der Meinung, dass eine Strategieänderung hermusste: Wenn die eigene Sicht der Dinge einfach nur hartnäckig und gebetsmühlenartig vorgetragen wird, dann müsste es doch endlich mal klappen. Mit ihr kam also eine Anwältin zum Zug, deren Vorgehensweise sehr gut in den November 2020 passte – wenn man das politische Geschehen in den USA verfolgt hat. Dies alles – nur so kann ich es mir erklären – geschah in der Hoffnung, dass schon etwas an mir hängen bleiben wird und/oder mich zermürben wird. Sogar das Kind, das bei einem Prozess vor der Türe des Gerichtssaales warten musste, bis seine Befragung an der Reihe war, war von dieser Anwältin entsetzt. Das Kind hatte nämlich sogar durch die geschlossene Tür ihr Lautwerden mitbekommen. Da frage ich mich als Mutter: Wo bleibt da das so gern zitierte Kindswohl?

Was gerne vergessen wird sind die Nachwehen von solchen Erlebnissen: Am Ende dieses Tages fuhr ich mit diesem wundervollen Kind nach Hause und musste ihm erklären, warum Papas Anwältin so laut war und warum der Richter dann irgendwann auch laut werden musste, um sie zu stoppen. Was macht das mit einem Kind? Dafür Sorge zu tragen, dass daraus keine Schäden entstehen, war und ist meine Aufgabe! Aber meine Erziehungsfähigkeit soll überprüft werden? Ohne Worte.

Bisher ist die Taktik nicht aufgegangen: Stand heute wurden mit dieser Strategie zwei von zwei der von der Gegenseite angestrebten Prozesse nicht gewonnen. Mehr Erklärung ist dazu wohl nicht nötig.

Die NEXTEN

Ich war immer der Meinung, wenn es eine NEXT gibt, dann kommt der nacheheliche Konflikt in ruhigeres Fahrwasser, weil keiner alleine ist und niemand dem anderen etwas neiden muss. Dies war sogar bei einigen NEXTEN in den vergangen zwölf Jahren der Fall. Als das Kind größer wurde, erzählte er natürlich mehr von den NEXTEN seines Vaters. Einmal war der Sohn auch traurig… Als die NEXT, die auch Kinder hatte (mit denen er sich gut verstand), plötzlich nicht mehr Teil seiner Umgangswochenenden war. Ich habe mich früh dafür entschieden, mich nicht für die jeweils neue NEXT zu interessieren. Für mich stand und steht im Vordergrund: Das Kind muss mit ihr zurechtkommen. Mir stellte der EX nie eine NEXT persönlich vor. Selbst dann nicht, wenn er auf Schulveranstaltungen mit der NEXT auftauchte. Und auch die NEXT sah es scheinbar als ganz selbstverständlich an, eine Veranstaltung des nicht leiblichen Kindes zu besuchen und nicht einmal die Mutter zu begrüßen. Denn das bin ich nun einmal – ob es der NEXT gefällt oder nicht. Dieses Mindestmaß an Höflichkeit zu verwehren sagt sehr viel über eine NEXT aus. Ich habe immer Verständnis für die NEXT gehabt, wie könnte ich es auch nicht? Ich habe den EX freiwillig geheiratet und habe ein gemeinsames Kind mit ihm. Kein Verständnis zu haben wäre also unehrlich.

Ich habe dreimal in all den Jahren den EX wegen einer NEXT kontaktiert: Einmal als er mit einer NEXT zusammen war, die Katzen hatte und ich ihn daran erinnert habe, dass das Kind eine Katzenhaarallergie hat. Zum zweiten Mal, als das Kind nach den Umgängen äußerte, dass er zu wenig Papa Zeit hatte, weil sie ständig bei der NEXT waren. Und schließlich bei der aktuellen NEXT mit dem Hinweis auf die Hundehaarallergie des Kindes. Mehr direkte Kommunikation über NEXTEN gab es nicht. Einmal habe ich persönlich eine NEXT kontaktiert. Da hatte ich wirklich einen äußerst schwachen Moment. Naiv wie ich war, erhoffte ich mir irgendwelchen frauensolidarischen Blödsinn. Dies trat natürlich nicht ein. Die NEXT verwies mich an den EX. Aha. Am Ende ist sich dann doch jede NEXT selbst die Nächste.

Ich glaube, die NEXT überschätzt oft, was sie für eine Rolle im Leben der Alltagsfamilie des Kindes spielt. Dem ist nicht so. Natürlich erzählt das Kind nach den Umgängen mal, was es erlebt hat und natürlich ist da auch die NEXT inkludiert. Aber dem Kind geht es bei den Umgängen um den Vater und nicht um die NEXT. Sie ist einfach da. Und wenn ich es nach diversen NEXTEN beurteilten müsste: Wenn sie nicht mehr da waren, war es für mein Kind (außer wie in dem einem beschriebenen Fall) nicht weiter erwähnenswert. Das Kind interessiert sich wirklich nur sehr spärlich für die NEXT. Oft weiß er die simpelsten Dinge wie den Beruf oder auch das Alter einer NEXT nicht. Weil es für ihn keine Rolle spielt. Dies geschieht nicht aus Unhöflichkeit. Es interessiert ein Kind, das Zeit mit dem Vater verbringen möchte, einfach nicht. Daher sind Feindseligkeiten der NEXT oder Ängste davor, was das Kind nach den Umgängen in der Alltagsfamilie über sie berichten könnte – zumindest in unserem Fall – unbegründet.

Sicher gibt es EXEN, die die Kinder ausquetschen, wenn Sie nach den Umgangswochenenden nach Hause kommen oder zum Umgang gehen. Dieses Verhalten habe ich immer verurteilt und nie praktiziert. Mein Sohn konnte immer frei und unbeschwert von seinen Erlebnissen berichten – wenn er das wollte. Das nimmt man einem Kind, wenn man weiter bohrt. Das war bei uns nie der Fall. Und ich rate auch jeder Mutter und jedem Vater, dies zu unterlassen! Denn dieses Verhalten schädigt dauerhaft und nachhaltig das Vertrauensverhältnis des Kindes zum jeweiligen Elternteil egal ob Mutter oder Vater. Bei mir hat jede NEXT erst einmal jede Menge Kredit. Weil ich niemanden beurteile, den ich nicht kenne. Und wenn sie gut zu meinem Kind ist, wunderbar! Und mehr interessiert mich nicht, da ich mich für ein Leben ohne den EX entscheiden habe.

Auch ich war einmal eine NEXT: Ich schlug mich als NEXT trotz meines noch jungen Alters von erst Mitte Zwanzig recht passabel und ließ diesem Mann viel Freiraum für ihn und seine Kinder. Zu gemeinsamen Urlauben reiste ich erst mit Verspätung an, sodass sie immer genügend Zeit zu dritt hatten. Ich durfte diese Kinder ein Stück ihres Lebens begleiten. Seine EX-Frau empfand ich nie als unangenehm. Wir wurden einander vorgestellt. Einmal nahm ich Urlaub, um die Kinder zu betreuen, während die Mutter eine Fortbildung besuchte und mein EX arbeiten musste. Sicher kamen mir hier mein Alter und die vorhandene Naivität zugute. Es gab eine klare Rollenzuteilung: Ich war Papas Freundin und auch eine Freundin für die Kinder. Es gab keine Machtdemonstrationen von Seiten seiner EX-Frau. Ebenso sah ich mich nie einem Erziehungsauftrag ausgesetzt – ich stand für Spaß und Freizeit.

Dass ich als NEXT intuitiv vieles richtig gemacht habe, habe ich erst im letzten Jahr erfahren. Die kleine Tochter meines EX-Freundes ist mittlerweile eine junge Frau. Wir fanden uns über die sozialen Netzwerke wieder und sie schrieb mir, wie gut ich es gemacht hätte und wie froh sie war, dass ich als NEXT fünf Jahre ihrer Kindheit begleitet habe. Mich haben ihre ehrlichen Worte wahnsinnig berührt. Ich hatte scheinbar unterschätzt, wie nachhaltig das Auftreten einer NEXT für ein Kind sein kann – wenn das Kind für wahres und aufrichtiges Interesse an ihm empfänglich ist und nicht von Vater oder Mutter manipuliert wird.

Die Verfahren

Eins vorab: Auf dieses Kapitel hätte ich gerne verzichtet. Gerichtsverfahren sind furchtbar anstrengend und kräftezehrend. Sie rauben einem den Schlaf und sind nicht nur psychisch enorm belastend. Die Vorbereitung auf einen Verhandlungstermin nimmt viel Zeit in Anspruch. Ungesunde Zeit. Immer und immer wieder werden somit unschöne, vergangene Zeiten in das aktuelle Leben transportiert.

Vor einem Verhandlungstermin tauschen die Parteien Schriftsätze aus, manche kürzer, manche mehr als 15 Seiten lang. Diese zu lesen und zu kommentieren erfordert sehr viel Kraft und Disziplin, denn es können 15 Seiten Unwahrheiten, Spott, Häme und Lügen sein. Da hilft es auch nicht, dass man mit den Jahren routinierter wird. Auch heute noch können mich ein bis zwei Aussagen triggern. Ich bekomme Herzrasen und aus dem Nichts wird mir beim Lesen übel… Meine eigenen kleinen Granatsplitter, die Teile meines Traumas, melden sich dann. Heute weiß ich, dass meine damaligen Symptome eine Posttraumatische Belastungsstörung (PTBS) zeigten. Ich litt unter ständiger Abgeschlagenheit, massivem Gewichtsverlust und Schlafstörungen. Ich bekam Beklemmungen und Herzrasen, wenn in meinem Mailpostfach eine neue E-Mail meiner Anwältin aufploppte.

Damals habe ich einfach weiter gemacht und diese vielen Verfahren durchgestanden, überstanden und auf bessere Zeiten gehofft. Der Unterschied heute ist: Ich kenne die richtigen Methoden – um mich zu konditionieren, um keine weiteren Traumata zuzulassen und um mehr zu sein als eine Überlebende.

Das Jahr 2009

Verfahren zum Trennungsunterhalt und Kindesunterhalt
Amtsgericht Montabaur
3 F 194/09

Meine Anwältin sollte leider Unrecht behalten. Der EX lehnte unser außergerichtliches Angebot ab. Er selbst machte kein Gegenangebot. Da die Aufforderung an den EX ungeachtet blieb, wurde ein Verfahren eingeleitet. Unsere Forderung: Offenlegung der Vermögensverhältnisse zur Berechnung des Trennungsunterhalts und des Kindesunterhalts.

Das Urteil: Das Amtsgericht entschied, dass der EX einen Betrag von X€ monatlichen Trennungsunterhalt an mich zu leisten hat. Dies soll zunächst bis August 2010 begrenzt sein. Da die Scheidung im Jahr 2010 zu erwarten war, soll zu diesem Zeitpunkt eine erneute Bewertung stattfinden. Der Kindesunterhalt wurde mit 120% des Mindestunterhalts festgelegt.

Fazit 2009: Wenn er unseren außergerichtlichen Vorschlag angenommen hätte, wäre es deutlich günstiger für Ihn gewesen

Das Jahr 2010

Die Scheidung / Verhandlung über nachehelichen Unterhalt
Amtsgericht Montabaur
3 F 121/10 und 3 F 250/10 eA

Die Scheidung wurde im Dezember 2010 rechtskräftig. Der nacheheliche Unterhalt sollte in diesem Zuge – wie 2010 beschlossen – neu verhandelt werden. Zu dieser Zeit arbeitete ich als Krankenschwester in einer 50%-Teilzeitbeschäftigung im Krankenhaus. Dies erfolgte in Absprache mit dem EX. Ich machte an den Wochenenden, an denen er seinen Umgang mit dem Kind ausübte, von Freitag bis Sonntag Dienst. Somit hatte ich in der Woche genug Zeit, den Sohn (der zu diesem Zeitpunkt zwei Jahre alt war) bei der Kindergarteneingewöhnung und bei seinen zahlreichen Arzt- und Therapieterminen zu begleiten. Wieder konnte außergerichtlich keine Einigung erzielt werden und wieder musste das Gericht bemüht werden.

Das Urteil: Der nacheheliche Unterhalt wird auf einen Betrag von X€ erhöht. Dies gilt bis September 2011 (dritter Geburtstag des Kindes) und soll danach neu verhandelt werden.

Fazit 2010: Okay. Jetzt hat er zweimal unser Angebot abgelehnt und durch eine gerichtliche Verhandlung wurde zweimal ein deutlich höherer Betrag festgesetzt. Hallo Lerneffekt?

Das Jahr 2011

Warten auf die Neuverhandlung des nachehelichen Unterhalts

Diesmal sollte die Verhandlung nicht in Montabaur stattfinden, sondern am zuständigen Amtsgericht des EX. Dies erfolgte, da der Beklagte an seinem – für seinen Wohnort zuständigen – Gericht verklagt werden muss. Bis die Zuständigkeiten und die Terminierung geklärt war, wurde es Mai 2012.

Zwischenzeitlich hatten sich einige relevante Dinge geändert: Der EX konnte aus welchen Gründen auch immer den Umgang mit dem Kind an drei Wochenenden im Monat nicht mehr durchführen. Dies verursachte zusätzlichen Betreuungsstress für mich und ich musste mich langfristig nach neuen beruflichen Perspektiven umsehen. Ich begann eine Zusatzausbildung zur Pharmareferentin, um den kleinkindunfreundlichen Arbeitszeiten im Krankenhaus entgehen zu können.

Fazit 2011: Innerlich stellte sich damals schon ein ungesunder Kampfreflex ein. Ich hatte das Gefühl, dass nie etwas geklärt werden könnte, ohne ein Gericht bemühen zu müssen. Eine sehr ungesunde und kräftezehrende Zeit. Hier half mir nur mein Vorsatz: Ich stehe auf, ich ziehe mich an, ich versorge mein Kind. Ein erfülltes, freies und unbeschwertes Leben war das zu dieser Zeit nicht.

Das Jahr 2012

Mai 2012
Neuverhandlung des nachehelichen Unterhalts
Amtsgericht Hagen
58 F 246/11

Wir hatten uns im Vorfeld gar nicht die Mühe gemacht, der Gegenseite ein Angebot zu unterbreiten. Auch von der Gegenseite gab es keinen Vorschlag.

Das Urteil: Der nacheheliche Unterhalt wird auf einen monatlichen Betrag von X€ erhöht. Es wird dazu keine Befristung vorgenommen.

Fazit Mai 2012: Der EX stellt sich von Termin zu Termin schlechter. Warum macht er immer weiter und geht immer wieder zu Gericht?

Juni 2012
Widerspruchsverfahren gegen den Beschluss des
Amtsgerichts Hagen
Oberlandesgericht Hamm
II – 5 UF 152/12

1. Termin beim OLG Hamm: Von Seiten des Klägers erschien nur der Anwalt – es wurde ein neuer Termin angesetzt. Ich war umsonst nach Hamm gefahren.

2. Termin beim OLG Hamm: Wieder erschien nur der Anwalt der Klägerseite, diesmal aber gab es ein Urteil.

Das Urteil: Das OLG Hamm wies somit seinen Einspruch zurück und es blieb bei dem Beschluss des Amtsgerichts Hagen aus dem Mai 2012.

Fazit Juni 2012: Zweimal OLG Hamm. Einfache Fahrtstrecke: 204 km. Dafür, dass alles so bleibt, wie es bereits entschieden wurde. War das wirklich nötig?

August 2012
Umgangsverfahren
Amtsgericht Montabaur
3 F 228/12 eA

Diesmal klagte der EX wegen des Umgangs. Unser bisheriges Modell (ein von beiden Seiten erstellter Umgangsplan) konnte nicht weiter eingehalten werden. Ich verständigte das Jugendamt und setzte bis zur Klärung den Umgang aus.

Kurzum: es gab eine neue NEXT (die ich einmalig bei einer Abholung des Kindes „kennenlernen" durfte) – und somit einen neuen Anwalt, der dem Vater zu einem Prozess riet. Mal wieder.

Das Urteil: Der Richter erstelle einen verbindlichen Umgangsplan und die Kommunikation der Eltern sollte nur noch schriftlich erfolgen.

Fazit 2012: Nichts, was ich nicht schon kannte. Auch hier gab es keine Veränderung.

Das Jahr 2014

Verfahren zur alleinigen elterlichen Sorge
Amtsgericht Montabaur
3 F 172 / 14

Die Kommunikation zwischen dem EX und mir wurde immer schlechter. Er hatte plötzlich keinen Job mehr, die 2012 beschriebene NEXT war verschwunden und er war für mich immer öfter nicht zu erreichen. Diesmal schlug meine Anwältin vor, das Verfahren einzuleiten. Mit einem beeinträchtigten Kind – wie unser Sohn es unzweifelhaft war und auch heute noch teilweise ist – stehen viele medizinische Entscheidungen an, die getroffen werden müssen.

Das Urteil (in Abwesenheit des Vaters): Die alleinige elterliche Sorge wird der Kindsmutter zugesprochen. Die Kindseltern sind mittlerweile hochzerstritten, der Kindsvater negiert die Erkrankung des Kindes.

Fazit 2014: Mit diesem Urteil kehrte – zumindest was das Kind betreffende Entscheidungen anging – etwas Ruhe ein.

Das Jahr 2016

Strafanzeige wegen Verletzung der Unterhaltspflicht
Polizeiinspektion Montabaur

Am 23. November 2016 stellte ich Strafanzeige wegen Verletzung der Unterhaltspflicht. Zu diesem Zeitpunkt war ein vierstelliger Betrag an rückständigem Kindesunterhalt aufgelaufen. Und auch wenn die zwei Jahre ohne Gerichtstermine sehr erholsam waren, war mir bewusst: das Kind ist erst acht Jahre alt und muss noch einige Zeit finanziell versorgt werden. Viel Hoffnung wurde mir damals nicht gemacht, aber mir wurde versichert: Keinen Unterhalt zu zahlen ist kein Kavaliersdelikt und wird verfolgt werden.

Die Ermittlungen zogen sich wie Kaugummi. Meine Anwältin beantragte in regelmäßigem Abstand Einsicht in die Ermittlungsakten. Es war frustrierend! Die Polizei am Wohnort des EX ermittelte eher halbherzig. Es waren Beamte, die sich scheinbar von der einseitigen Berichterstattung beeindrucken ließen. Der Gipfel dieser Pro-Vater Einstellung war ein Telefonat mit einem zuständigen Beamten der Polizei Hagen. Er riet mir: „Das können Sie doch lassen. Da kommt nichts bei rum und Sie sind ja scheinbar gut versorgt". Das erklärte auch, warum die Ermittlungen so unergiebig waren. Die zuständige Staatsanwaltschaft in Koblenz ließ aber nicht locker und sendete die Akten immer und immer wieder mit neuen Anweisungen zurück nach NRW. Schließlich hatten sie alle Informationen, Aussagen und Widersprüche beisammen und entschieden, den Fall zur Anklage zu bringen.

Fazit 2016: Ich war entsetzt! Wie anmaßend von einem mir unbekanntem Polizeibeamten und meinem EX eine Entscheidung darüber zu fällen, ob ich „gut versorgt" bin oder nicht. Dies zeigt wieder einmal ganz deutlich, was nicht verstanden wird: Egal, ob ich gut oder schlecht versorgt bin, hier geht es um das Geld des Kindes. Und mein „Job" als Mutter ist es auch, mich um die finanziellen Belange meines Kindes zu kümmern. Nicht mehr, aber ganz sicher auch nicht weniger!!

Aber: Jeder kann seine Ansichten haben, die Fakten werden schon damit fertig!

Das Jahr 2018

**Strafverfahren wegen Unterhaltspflichtverletzung
Amtsgericht Montabaur
32 Ds 2020 Js 2878/ 17**

1. Termin Januar 2018: Diesmal war ich „nur" als Zeugin geladen. Der Termin war für 9.00 Uhr angesetzt. Um 8.30 Uhr wurde der Termin telefonisch abgesagt, das Auto des EX wäre kaputt, er könne nicht kommen.

2. Termin Mai 2018: Auch dieser Termin wurde wegen Probleme bei der Anreise gecancelt.

3. Termin August 2018: Es war kaum zu glauben. Der Ex schaffte die Anreise! Das war sehr wahrscheinlich einer neuen NEXT zuzuschreiben – sie begleitete ihn. Der EX zeigte sich einsichtig während der Verhandlung – alles unter dem mitfühlenden, wohlwollenden Blick der NEXT. Mich persönlich beeindruckte dies allerdings nicht mehr.

Das Urteil: Verurteilung wegen Verletzung der Unterhaltsplicht, inklusive einer Freiheitsstrafe von sechs Monaten auf Bewährung. Es wurde erneut die Pfändung eingeleitet.

Fazit 2018: Eine neue NEXT macht noch keinen Sommer…oder so.

Das Jahr 2020

**April 2020
Verfahren zur Umgangsregelung nach Aussetzung
des Umgangs
3 F 61/20**

Vorab: Das Kind leidet wie beschrieben unter diversen Allergien, darunter auch eine Allergie auf Hundehaare. Der EX ist zwischenzeitlich mit der NEXT in eine gemeinsame Wohnung gezogen. Die NEXT hatte einen Hund. Das Kind fand es toll, es war gesund, alles war soweit okay. Ich schenkte der Situation erstmal wenig Beachtung – immerhin hatte ich dem EX bereits einige Jahre zuvor per Mail das Ergebnis des Allergietestes des Kindes gesendet. Dieser Allergietest beschrieb auch die Allergie auf Hundehaare. Im Januar

2020 bekam ich nach den Weihnachtsferien ein richtig krankes Kind zurück. Diagnose seines Kinderarztes: schwere Bronchitis bei allergischem Asthma. Das Kind erholte sich nur sehr langsam und war lange aufgrund von Kurzatmigkeit beeinträchtigt. Noch dachte ich mir nichts dabei. Ich bemerkte aber, dass das Kind sonntags oft fertig, müde und kraftlos von den Umgängen kam. Außerdem rochen das Kind, seine Kleidung und sogar sein Umgangsrucksack ungewohnt intensiv. Ich konnte es erst nicht einordnen, bis das Kind erzählte, dass ein zweiter Hund bei EX und NEXT eingezogen war. Plötzlich ergaben die einzelnen Puzzleteile aus Symptomen und dem undefinierbaren Geruch einen Sinn – ich stellte bis zur Klärung den Umgang ein.

Das Urteil: Weiter Umgang wie bisher (Ferien hälftig / alle zwei Wochen Freitag bis Sonntag). Die Hunde dürfen während des Umgangs nicht im Haushalt von EX und NEXT anwesend sein.

Das außergerichtliche Angebot der Gegenseite

Dass dies nicht das letzte Verfahren sein sollte, wurde mir und meiner Anwältin bereits im April 2020 in einem Schriftsatz der neuen EX Anwältin angekündigt – **es sei denn**, wir würden ihren Forderungen nachkommen und das Verfahren zur Umgangsregelung beilegen. Hier sollte also das gemeinsame Kind als Objekt eines Kuhhandels dienen. Die Forderung: Wir legen das Verfahren bei und alle Umgänge (also mit den Hunden) bleiben wie sie sind. Dafür würde der EX darauf verzichten, weitere Verfahren einzuleiten in Punkten, in denen er sich scheinbar benachteiligt fühlt. Da haben meine Anwältin und ich nach mittlerweile elf Jahren Erfahrung wirklich nur noch müde gelächelt. Ich ging für die Gesundheit des Kindes natürlich keinen Handel ein und wartete ab.

Einen Handel auf Kosten der Gesundheit des Kindes also? Soso... No way… Nicht mit mir!

August 2020
Unterlassung gegen die NEXT

Wenn ich eins gelernt habe: Es gibt leider wenig bis keine Solidarität unter Müttern, wenn ein Mann im Spiel ist. Da geht es nicht um heranwachsende Kinder und die Sorge um diese, die uns als Frauen eigentlich einen könnte. Da geht es nur um den EX / den neuen NEXT und den Blick auf das eigene neue Patchwork-Glück. Und dieses soll bitte auch in der Außendarstellung möglichst gut wirken – im Sinne von: „Seht her! Ich habe ein Prachtexemplar von NEXT an Land gezogen."

Die NEXT präsentierte also einige Wochen nach dem Urteil aus dem April 2020 ein Foto in den sozialen Netzwerken, das mein Kind mit ihren Hunden zeigte und dem aussagekräftigen Titel: „immer wieder samstags auf der Hundewiese". Ich machte einen Screenshot und sendete ihn an meine Anwältin mit der Bitte, die NEXT aufzufordern, keine Bilder von dem Kind zu posten. Das ist das Verhängnisvolle, wenn man in seiner eigenen Bubble lebt. Die NEXT entfernte das Bild von ihrem Account genau einen Tag vor der Frist, die ihr meine Anwältin gesetzt hatte.

November 2020
Sorgerechtsklage des EX

Pünktlich zum Jahresende gab es dann die im April bereits angekündigte neue Klage: Der EX möchte wieder das geteilte Sorgerecht. Wieder wurden Schriftsätze angefertigt – wieder wurde im Urschleim gewühlt. Die Schreiben der Gegenseite nahmen mittlerweile für mich immer weniger nachvollziehbare Formen an und präsentierten eine klassische Rollenverteilung: Der EX bekam die scheinbar „gute Rolle" als der superlässige Teenagervater. Mir wurde die Rolle der kontrollierenden, überbehütenden Mutter zugeteilt, an deren Erziehungsfähigkeit zu zweifeln wäre. Zugegeben, eine auf den ersten Blick eher undankbare Rolle. Die Schreiben empfand ich beim Lesen immer nervtötender, denn statt neuen Inhalten gab es Wiederholungen in Dauerschleife. Es ist vergleichbar mit einem kurzen Schläfchen während man den Homeshoppingkanal laufen lässt – beim Aufwachen stellt man schnell fest: Ich habe rein gar nichts verpasst, es gibt noch immer keine Revolution bei Fensterputztüchern. Meine Anwältin und ich beschlossen irgendwann, einfach nicht mehr zu antworten, da ein Termin zur mündlichen Verhandlung angesetzt wurde.

Das Jahr 2021 – Teil 1

In Vorbereitung auf die mündliche Anhörung wurde das Kind vom Jugendamt und seinem Rechtsbeistand angehört. Das Kind befand: es ist alles gut so, wie es ist. Er ginge gerne zu seinem Vater, wäre genauso gerne bei seiner Mutter und er verstehe nicht, warum sein Vater schon wieder vor Gericht ginge. Es wäre doch alles gut.

Januar 2021
Verhandlung zur elterlichen Sorge
Amtsgericht Montabaur
3 F 191/20

Einen Tag vor der mündlichen Verhandlung gab der Verfahrensbeistand des Kindes folgende Erklärung ab: „Das Sorgerechtsverfahren soll für erledigt erklärt werden. Die Mutter soll den Vater regelmäßig über schulische und gesundheitliche Belange informieren".

Die Verhandlung dauerte fast 1,5 Stunden. Die Anwältin des EX kündigte in den ersten fünf Minuten ihres Vortrags an: Sollten sie hier nicht erfolgreich sein, würde sie auf jeden Fall den Prozess am Oberlandesgericht anstreben. Hoppla! Sie beharrte beispielsweise darauf, dass der EX sein Sorgerecht freiwillig abgegeben habe. Trotz Einspruch meiner Anwältin und einer deutlichen Erklärung des Richters, ihm lägen die Akten und Urteile vor und der EX hätte das Sorgerecht 2014 entzogen bekommen, referierte sie weiter. Ich fand es unangenehm und unerträglich. Die Strategie war weiterhin: mich als Mutter schlecht dastehen zu lassen – ohne eigene Argumente dafür zu liefern, warum der Vater das Sorgerecht zurückbekommen sollte. Aber die Taktik ging nicht auf. Es lieb nicht unbemerkt. Nach 45 Minuten gab der Richter seine erste Einschätzung ab: Es stünde der Anwältin des EX natürlich frei, zum OLG zu gehen. Er könne aber wahrlich keine Gründe erkennen, warum der EX das Sorgerecht zurückerhalten sollte, da sich die Gründe, aus denen es ihm entzogen wurde, nicht geändert hatten. Beide Parteien hatten die Möglichkeit, sich zu beraten.

Die Einigung: Wir einigten uns auf den Vorschlag des Verfahrensbeistandes und der EX verzichtete auf ein Widerspruchsverfahren beim OLG.

Fazit 2021: Ein Verfahren, bei dem alles so bleibt, wie es war. Das kannte ich ja bereits. Aber war es nötig das Kind damit zu behelligen?

Hierzu sein noch gesagt, dass sich das Kind nach diesem Termin erneut einem Allergietest auf Hundehaare unterzogen hat. Freiwillig, ohne Auflage. Dieser Test war erneut positiv und wurde dem EX vorgelegt. Dieser Prozess trägt meiner Meinung nach eindeutig die Handschrift anderer Personen. Ist ein Vater, der kein Sorgerecht hat, ein Mann mit einem Makel? Ist er vielleicht nicht geeignet für schöne Patchwork-Hashtags wie #patchworkfunktioniert oder #patchworkfamily? Und natürlich fehlt jetzt weiterhin das passende Bildmaterial, auf dem das #patchworkglück auch optisch darstellt werden kann. Denn das Recht am Bildmaterial des Kindes liegt nun weiterhin alleine bei mir. Wie persönlich das genommen wurde, war am Nachmittag des Verhandlungstages in den sozialen Medien zu sehen: Dort wurden Nachrichten gepostet, die sehr wahrscheinlich an mich adressiert waren. Diese Informationen erreichen mich natürlich über Freunde, denn durch die sozialen Netzwerke ist heute sehr schnell nachvollziehbar, wer die neue NEXT ist.

Manchmal frage ich mich: Warum widmen der EX und die NEXT mir und meinem Leben so viel Zeit? Bin ich etwa der „Beziehungskleister"? Der gemeinsame Feind, gegen den man gemeinsam vorgehen muss? Diese Fragen habe ich mir tatsächlich schon einige Male gestellt. Warum beschäftigt sich eine NEXT so sehr mit der EX? Vielleicht weil es mir fremd ist und weil ich so nicht bin. Weil ich der Meinung bin, dass sich mein Mann jeden Tag neu für mich entscheiden kann. Warum also negative Energie auf eine Frau verwenden, die ich persönlich nicht kenne? Wer ehrlich und reflektiert ist, muss sich eingestehen, dass es immer auch eine zweite Seite einer Geschichte gibt. Meine Geschichte als Paar mit dem EX ging vor zwölf Jahren zu

Ende. Das Kind wird uns noch sehr lange verbinden, aber die Paarebene darf für heutige Beziehungen keine Rolle mehr spielen. Dafür stehe ich definitiv nicht zur Verfügung.

Nie würde mein Mann öffentlich Stellung zu meinem EX abgeben. Weil es **mein** EX-Mann ist und immer der Vater des Kindes sein wird. Wie anmaßend ist es also von einer NEXT, die EX zu verurteilen? Jeder negative Post in den sozialen Netzwerken nimmt einem Kind ein Stück seiner positiven Selbstwahrnehmung. Weil man (s)ein Elternteil angreift. Und die schöne neue Welt des Internets vergisst nichts. Wie erklärt also ein Elternteil einem Kind später ein solches Verhalten einer NEXT, die es ja möglicherweise dann schon gar nicht mehr gibt?

Das Jahr 2021 – Ausblick

Aktuell läuft eine Pfändung über die Rückstande des Kindesunterhalts und den aktuellen Kindesunterhalt. Der EX hat eine Klage zur Neuberechnung des Kindesunterhalts eingereicht.

Amtsgericht Montabaur
3 F 169/20

Der dazu angesetzte Termin zur mündlichen Anhörung wurde coronabedingt abgesagt und bisher nicht neu terminiert.

Die Hintergründe der Jahre 2009 bis heute

Warum eskaliert eine Elternbeziehung? Meistens, weil es im Vorfeld – wie bei uns – auch eine Paarbeziehung/Ehe gab. Sehr oft gelingt es mindestens einer Partei nicht, diese EX-Beziehung zu verarbeiten und hinter sich zu lassen.

Ich habe auch sehr oft fassungslos dagestanden und ganz sicher mehr als hundertmal die Faust in der Tasche gemacht. Es ist schwer, die Paarebene einigermaßen zufriedenstellend abzuschließen, wenn der EX immer und immer wieder in das eigene neue Leben tritt – sich praktisch regelrecht in mein neues Leben klagte und somit Aufmerksamkeit einforderte. Auch wenn es negative Aufmerksamkeit war– aber trotzdem Aufmerksamkeit. Wäre ich bösartig, so würde ich behaupten: Wow, mit jeder neuen NEXT kamen neue Prozesse. Scheinbar ist die Rolle, die ich in dem Leben dieser jeweils neuen Beziehungen spiele, deutlich größer als ich dachte. Natürlich gibt es Menschen, die den bequemen Weg wählen und sich in die Schmollecke zurückziehen. Weil es natürlich erst einmal leichter ist. Aber nach über zehn Jahren wird es unglaubwürdig dort immer noch zu verharren und den EX/die EX für sein Leben verantwortlich zu machen.

Was bleibt also? Einige Betroffene raten, mit dem vorhandenen Material zu arbeiten – also den EX und die Situation so zu akzeptieren, wie sie sind. Dem kann ich nicht zustimmen, da es für mich auch bedeutet: dem EX keine klaren Grenzen zu setzen. Und im schlimmsten Fall auch, der NEXT und deren Befindlichkeiten Tür und Tor zu öffnen. Nein, denn das würden bedeuten, auch die andere Wange hinzuhalten. Professionelles Auftreten und möglichst wenig Kontaktmöglichkeiten sind für mich die besseren Alternativen. So habe ich seit Jahren keine persönliche Übergabe des Kindes mehr begleitet. Ich entziehe mich und schütze mich.

In den Kleinkindjahren des Kindes mit sehr wenig Einkommen durch meine Halbtagstätigkeit, dazu Verbindlichkeiten wie Miete, Kinderbetreuung und Lebenskosten war es über sehr lange Zeit existenziell bedrohlich. Um es ganz lapidar auszudrücken: Mir ging oft genug der Arsch auf Grundeis. An mehr als nur einem Tag konnte ich mir den Besuch mit dem Kind bei den Großeltern nicht leisten (Strecke von 6 km), weil ich sonst nicht genügend Benzin für die nächste Fahrt zur Arbeit gehabt hätte. Und das alles, weil der EX lieber vor Gericht zog. Es gibt keinen Unterhaltsvorschuss, wenn ein Verfahren zum Kindesunterhält läuft und der Vater leistungsfähig ist. Die Zeit, bis eine Pfändung beim Arbeitgeber ins Laufen kommt ist sehr, sehr hart und erscheint als Betroffene unendlich lang. Da nutzten mir die schönen Zahlen und Ziffern der Rückstande auf einem Beschluss rein gar nichts, denn damit kann ich kein Mittagessen im Kindergarten bezahlen.

Im Jahr 2009 begann also meine Pfändungskarriere. Zum Glück übernahm die Kanzlei meiner Anwältin die Abwicklung und überwacht das finanzielle Geschehen auch bis zum heutigen Tag. In den Jahren waren viele Parteien involviert: diverse Gerichtsvollzieher, das Jugendamt, sogar ein Fachanwalt für Strafrecht. Grund dafür war, dass der EX über Jahre seine Arbeitgeber sehr häufig wechselte und somit für die von uns eingeleiteten Maßnahmen nicht greifbar war. Auch mehrfach angeforderte Vermögensauskünfte führten zu keinerlei Erfolgen. Da geht zwischenzeitlich schon der Glaube an unseren Rechtsstaat verloren. Ich glaube nach, der dritten Zahlungsvereinbarung, die bei einem Gerichtsvollzieher getroffen wurde, bin ich schreiend im Kreis gelaufen. Denn das kannte ich ja bereits: Es wird ein Zahlungsplan erstellt, der Schuldner zeigt sich einsichtig und versichert, dass er die Zahlungen leisten wird und dann... Dann passierte in meinem Fall rein gar nichts. Ich bekam also nicht nur keinen Unterhalt, nein, ich musste auch noch den Gerichtsvollzieher bezahlen. Zahlungsplan erstellen und dann eine Rechnung schreiben, das war meist alles, was passierte. Und es ist in der Summe über die Jahre nicht gerade wenig Geld, das ich an die Gerichtsvollzieher zu zahlen hatte.

Natürlich arbeiten nicht alle Gerichtsvollzieher so. Durch einen Umzug des EX wechselte er den Bezirk und wir bekamen eine neue Gerichtsvollzieherin. Diese Frau zog das Tempo an und innerhalb weniger Tage bekamen wir Auskünfte, die es all die Jahre nicht gegeben hatte. Ich beschreibe das, um zu verdeutlichen, dass zu einer sowieso schon unglücklichen Lage auch noch wirklich Pech dazu kommen kann. Und es gibt kaum Möglichkeiten, seinen Unmut über Gerichtsvollzieher Ausdruck zu verleihen. Sämtliche Beschwerden verliefen im Sande – da hackt bei einer großen Behörde keiner dem anderen ein Auge aus.

Es fällt auch unheimlich schwer, an solch einer unerfreulichen Sache dran zu bleiben. Die Verlockung es zu lassen, ist wahnsinnig groß. Oft genug habe ich darüber nachgedacht. Diese vermeintlich schwachen Zeiten darf man haben. Man darf mutlos und kraftlos sein. Und man darf und muss es dann auch der eigenen Psychohygiene zuliebe einfach mal eine Zeit lang ruhen lassen. Rückstände laufen nicht weg und es ist kein Muss, sich bis zur eigenen Selbsteinweisung damit zu beschäftigen. Man darf nur nicht aufgeben! Natürlich ist es reizvoll, sich mit einem Spruch wie „Der Klügere gibt nach" ein sanftes Ruhekissen zu schaffen. Aber dieser Spruch hat zwei Seiten: „Wenn der Klügere immer nachgibt, dann regieren bald die Dummen!". Hier war ich scheinbar diejenige, die in einer Blase gelebt hatte. War ich doch vorher fünf Jahre mit einem Mann zusammen, der geschieden war und zwei noch recht kleine Kinder hatte. Dieser EX-Freund vermittelte mir ganz oft: „Nur wenn es meiner EX-Frau gut geht, kann es auch meinen Kindern gut gehen, denn sie leben die meiste Zeit bei ihr." Ein weiser Mann damals – und das machte auch für mich Sinn... Aber leider scheinbar ein selten zu findendes Objekt der Weitsichtigkeit.

Wichtig ist, sich vor Augen zu halten, dass die Urteile von einer neutralen Instanz (dem Gericht) gefällt werden. Da geht es nicht um Sympathie oder darum, wer besser oder schlechter ist. Bei Urteilen finanzieller Natur geht es um Zahlen. Es geht um Unterhalt für das gemeinsame Kind. Wenn es um Offenbarung der Vermögensverhältnisse geht, werden die liebenden Väter plötzlich sehr kleinlich. Und das ist ihnen nicht einmal peinlich da sie denken, dass die EX das schöne Geld sicher bei Frisören und der Mani- und Pediküre verjubelt. Dass die EX einen Job hat, sich selbst und außerdem ihren Anteil für die Versorgung des Kindes schon längst selbstständig erwirtschaftet, kommt bei diesen Vätern nicht an. Das ist ein absolutes Phänomen und zieht sich durch alle gesellschaftlichen Schichten. Ein Teil ist sicher der Tatsache geschuldet, dass einige Väter nicht das Alltagsleben mit einem Kind teilen und damit auch nicht im Bilde sind, was ein Kind wirklich kostet. Aber dies entschuldigt natürlich nicht die damit verbundene Hetze und Abwertung der Mütter.

Ein Beispiel: Das Kind wechselt gerade die Schuhgrößen in einem wahnsinnigen Tempo – aber weiß der EX das? Das Kind hat Schuhe, die ihm passen und beschwert sich nicht. Der Schuhgeschmack des Kindes ist recht simpel und oft ähnelt ein Paar dem anderen. Mein Kind würde auch keinen Schuhkauf gegenüber dem Vater kommunizieren, da es für das Kind nicht wichtig ist. Deswegen aber den zu leistenden Kindesunterhalt in Frage zu stellen, ist einfach eine moralische und charakterliche Schwäche! Dass ein Kind nicht von Luft und Liebe lebt, sollte selbst der letzte Umgangsvater mitbekommen haben. Sicher geht es dabei nicht um das dritte verzottelte Geodreieck und das zweite Paar kaputte Handschuhe – aber der Blick auf das große Ganze fehlt hier scheinbar oft. Besonders in die Bildung eines Kindes zu investieren, erfordert heute einiges an finanziellen Mitteln.

Dies bestätigt mir auch ein Blick in die diversen Foren für Alleinerziehende. Diese sind nur zu empfehlen, um sich auszutauschen oder auch mal, um Dampf abzulassen. Dort gibt es immer Gleichgesinnte: Manche, bei denen die Trennung und der Schmerz noch sehr frisch sind. Manche, die seit Jahren getrennt sind und in friedlicher Co-Existenz mit dem EX leben. Und Manche, bei denen auch noch mit deutlich älteren Kindern um die Umgänge gestritten wird. Natürlich fällt auch dort mal ein böser, bissiger Kommentar über den EX. Aber ich habe durchaus Zeiten erlebt, in denen der EX tagelang kein Thema war und sich die Mitglieder über den Alltag und „Was koche ich denn diese Woche" ausgetauscht haben. Auch in diesen Foren gibt es natürlich sehr zweifelhafte Mitmenschen, die sich gerne streiten und beispielsweise bei einer zehnminütigen Verspätung bei der Rückbringung des Kindes sofort zu einem Gang zum Gericht raten würden. Daher: Der Austausch in einem Forum kann gerne genutzt werden – aber dort sollte bitte keine Rechtsberatung erfolgen.

Wesentlich unzivilisierter dagegen geht es in den reinen Väterforen zu. Hier herrscht ausschließlich Hetze und Hass. Jede Mutter ist eine abzockende, faule und lügende Kindesbesitzerin, deren einziger Lebensinhalt es ist, dem armen Vater das Leben zur Hölle zu machen und ihm die Kinder zu entfremden. In bester Stammtisch-Manier werden Parolen gedroschen. Selbstreflektion existiert in diesem Kosmos nicht. Sich in diesen Foren etwas umzusehen ist sicher hilfreich, um sich darauf einzustellen, was einen erwarten könnte. Dies sollte aber nur mit emotionaler Stabilität getan werden. Man sollte hierbei unbedingt in der Rolle des stillen Lesers bleiben und keine Bekehrungsversuche starten. Sie sind Meister darin, einen auf ihr Niveau zu ziehen und in dieser Kategorie gewinnen sie dann. Weil Bodensatz sich immer dort ansiedelt, sonst hieße er nicht so!

Ich habe einige wirklich sehr nette Bekanntschaften in einem Forum gemacht, das möchte ich hier auch gerne besonders hervorheben. Es ist ein kleines, privat geführtes Forum, überschaubare Mitgliederanzahl, Mütter und Väter gemeinsam. Einige der Mitglieder habe ich persönlich kennengelernt und stehe auch heute noch mit ihnen in Kontakt. Dabei geht es längst nicht mehr um die EXEN. Wir tauschen uns über die Kinder, die Berufe, die neuen Partner aus.

Leben eben.

Mein Mann

Das Beste kommt zum Schluss. So wollen es gute Geschichten. Ich lernte meinen Mann 2011 kennen. Er stieg also recht früh in meine Geschichte mit dem EX ein. Nicht gerade einfach für eine neue Beziehung. Ich konnte vom ersten Tag an frei mit ihm sprechen. Nie habe ich mich geschämt, auch wenn ihm Gerichtsverfahren auf diesem Niveau zum Glück nicht bekannt waren. Er selbst ist geschieden. Da die Ehe kinderlos blieb waren die Scheidungs- und Zugewinnmodalitäten sehr schnell und ohne Streitereien erledigt. Ich habe ihn oft darum beneidet, wie stressfrei seine Trennung von statten ging. Das weiß er auch. Seine EX-Frau spielte in unserer Beziehung keine Rolle. Alles war mit ein paar wenigen Anwaltsterminen (die sogar gemeinsam wahrgenommen wurden) und dem Scheidungstermin vor Gericht erledigt. Alles mehr als friedlich und zivilisiert. Ganz im Gegensatz zu mir und meinem Päckchen von EX, das ich mitbrachte und an dem ich zeitweise schwer zu schleppen hatte.

Mein Mann ist 20 Jahre älter als ich, was mir in seiner Weitsicht und Gelassenheit mehr als nur einmal zugutegekommen ist. Und nicht nur mir, auch meinem Kind. Ich finde es bis heute erstaunlich und bewundernswert, wie klar und eindeutig er sich damals auf eine Frau mit Kleinkind und einem nervigem EX-Mann eingelassen hat. Ohne Wenn und Aber – mein Mann macht keine halben Sachen. Unsere Hochzeit fand im Dezember 2015 statt. Trotz der Erfahrungen aus der ersten Ehe hatte ich keinen Moment des Zweifelns. Es war und ist ein klares „JA" zu meinem Mann.

Ich bin heute davon überzeugt, diesen großartigen Mann als Wiedergutmachung bekommen zu haben. Als Partner, als Freund, als Berater, als Liebhaber, als Beschützer. Es ist schon verrückt, wenn einem mit Anfang 30 ein Mann vermittelt, dass man alles überstehen kann und alles werden kann, woran man glaubt. Nie zuvor gab es einen Mann, der mich so gefördert und gefordert hat. Er hat es immer getan und tut es bis heute.

Ich bin eine sehr glückliche Frau.

Heute

Hatte ich einfach mehr Glück als andere?
Mein Mann benutzt gerne den Satz:

Luck is, when Readiness meets Opportunity – Glück ist, wenn Bereitschaft auf Gelegenheit trifft

Ich kann Ihre Gelegenheit sein. Ich bin für die, die bereit sind, sich Ihren Ängsten zu stellen. Darum arbeite ich heute in meiner Praxis auch als Personal Coach. Ich begleite Klienten durch diese schwierigen Zeiten. Ich bin Zuhörerin, Gesprächspartnerin und eine zertifizierte Urschleimwühlerin.

Entscheiden Sie darüber, wie viele Federn sie lassen werden:

TOUGH TIMES NEVER LAST, TOUGH PEOPLE DO!

Start & Smile
Nadine Remy-Ludwig

Hauptstraße 24
56244 Vielbach

nrl@startandsmile.de
www.startandsmile.de

Etwas über mich

Ich habe 1998 mein Examen zur Krankenschwester gemacht und arbeite zurzeit auf einer Station für Unfall- und Gefäßchirurgie.

Vorher war ich mehrere Jahre als medizinische Referentin tätig und habe als Kunden unter anderem die Unikliniken Gießen, Marburg und Wien betreut.

Im Jahr 2019 erfolgte die Gründung der Praxis **Start & Smile**, die im Oktober 2020 in die neuen Praxisräume umziehen konnte.

Die Praxisschwerpunkte sind EMDR Therapie, Personal Coaching und ästhetische Kosmetik.

Nachwort

Von Jeanette Vogel

Diese Lektüre hat mich sehr berührt. Obwohl wir uns schon sehr lange kennen, gibt es doch so viel, das ich nicht mitbekommen habe... das von außen nicht sichtbar ist. Sicher, die Meilensteine der ganzen Geschichte habe ich verfolgt. Ich kenne den EX – ich mochte ihn sogar. Ich habe von der Trennung gewusst und ich wusste, dass es immer wieder Ärger gab – auch vor Gericht. Was ich auch wusste war, dass Vater und Sohn viel Zeit miteinander verbringen. Und dass es alle Beteiligten – jenseits der ganzen Auseinandersetzung – geschafft haben, dass sich zwischen Vater und Sohn eine enge Beziehung entwickeln konnte. Das bewundere ich sehr. Vor allem, nachdem ich diese Geschichte gelesen habe. Denn was ich nicht wusste bzw. was mir nie so bewusst war ist, was diese Dinge eigentlich für das tägliche Leben der Betroffenen bedeuten. Was es für einen Menschen bedeutet, wenn er sich über Jahre hinweg in einem Konflikt befindet. Und was es für die Seele bedeutet, wenn das eigene Leben auf einmal so gar nicht mehr der eigenen Vorstellung entspricht oder der, die von außen an uns herangetragen wird.

In jedem Leben gibt es eine Urschleimsuppe. Jede und Jeder von uns hat seine eigene Geschichte und seine eigenen kleineren oder größeren Traumata. Und jeder kommt einmal an den Punkt, an dem sich die Frage stellt: Hinsehen oder Wegsehen? Hinsehen bedeutet: ab in den Urschleim. Hinsehen kann mitunter sehr schmerzhaft sein. Aber Hinsehen bedeutet auch die Chance auf Klärung und Heilung – die Chance darauf, glitzernde Steine im Urschleim zu finden. Und Hinsehen ist ein Weg. Es kann ein Weg des Lernens, der Erkenntnis und der Befreiung werden. Und es ist ein Weg, den keiner allein gehen muss. Es gibt Familie und Freunde – aber auch Therapeuten, Coaches und Rechtsanwälte. Denn zwei Dinge habe ich aus der Lektüre mitgenommen: Stark sein bedeutet auch, sich Verbündete zu suchen – und: Aufgeben ist keine Option!

Von Nike Weylo

Als ich Nadine kennenlernte war sie bereits getrennt.

Die Überreste dieser Ehe waren ein wundervolles Kind und jedes zweite Wochenende ein Auto im Hof, welches das Kind abholte. Für mich als Außenstehende hat der EX nur ein einziges Mal ein Gesicht bekommen – zu meiner eigenen Überraschung ein harmloses. Ganz im Gegensatz also zu all den Gesichtern, die ich ihm gegeben hatte –bei jedem neuen Anwaltsschreiben ein Gesicht absurder als das vorherige.

Was jedes dieser Gesichter angerichtet hat mit einer so starken und wundervollen Frau. So viel Wut, Verzweiflung und Tränen. Mir blieb meistens nicht viel anderes übrig, als wortlos und mit offenem Mund daneben zu stehen und fassungslos den Kopf zu schütteln. Ich konnte nicht mehr machen als ihr meine Hand zu reichen und da zu sein.

„BE STRONG" mit Edding auf einem grünen Krankenhauszettel geschrieben.

Er hängt bis heute an meiner Pinnwand. Vor Jahren hast Du ihn mir flüchtig in einem unserer Dienste geschrieben. Und es ist unser Leitsatz geworden, für all das, was gekommen ist und für all das, was noch kommen wird.

DU Nadine, wirst es schaffen!

Danksagung

Ohne Familie ist alles nichts. Mama, Opa und Oma. Danke! Ohne eure Unterstützung – auch finanziell – wäre es oft nicht weiter gegangen in diesen Zeiten. Ich empfinde es als großes Privileg meine Großeltern noch zu haben und dies macht mich sehr dankbar.

Udo, wie sehr Du dieses Kind, deinen Enkel geliebt hast – und er Dich. Leider war Euch nur ein Jahr zusammen gegönnt.

Jeanette & Nicole, ohne Euch wären die letzten 27 Jahre nie, nie, nie so großartig, turbulent, aufregend, bunt und erfahrungsreich gewesen, wie sie es waren. Ich liebe Euch sehr!

Nike, Du hast trotz deiner jungen Jahre eine „alte" und wunderschöne Seele. Du hast mir so oft einfach zugehört und warst die beste Babysitterin, die wir uns hätten wünschen können.

Die Familie meines Mannes – Danke, dass Ihr eine alleinerziehende Mutter mit Kleinkind so herzlich aufgenommen habt. Dies ist nicht selbstverständlich.

Oma Helga: Dir gilt mein besonderer Dank – danke für deinen wundervollen Sohn, meinen Mann. Wie gut Du zu meinem Kind warst – wie viel Freude Dir die Zubereitung des Fischpuddings gemacht hat und ihn mit Schokolade zu überraschen. Unsere Verbindung wurde durch deine Demenz intensiver – ich bin froh, Dich in deinen letzten Tagen begleitet haben zu können.

Meinem Team der Station D3 des Evangelischen Krankenhauses in Dierdorf. Ihr habt mich mit so viel Freude und Offenheit wieder aufgenommen. Was auch immer mich in den Zeiten beschäftigt hat, Ihr habt es immer geschafft, dass es Dienste gab, in denen all das vergessen war, wir gelacht haben und Spaß hatten. Und immer noch haben. Ihr seid großartig!

Herr Dr. Paul, Herr Dr. Serbesis, Frau Dr. Stockschläder, Frau Dr. Wilbrand – Danke für die umfangreiche gute Betreuung und Behandlung. Ohne Sie alle wäre mein Sohn nicht da, wo er heute ist.

Herrn RA Wolfgang Stahl – danke für die Beratung, die neue Dynamik und die juristische Sicht auf das Geschriebene.
www.stahl.legal

Emir und Sophia – Danke! Durch Euch durfte ich erfahren, dass es auch gute EXemplare gibt. Danke für das große Geschenk deiner berührenden Worte vor einem Jahr an mich, Sophia. Diese bedeuten mir 15 Jahre nach unserer gemeinsamen Zeit so viel.

Jürgen – der beste Büroehemann überhaupt. Unsere Arbeitsehe war geprägt von größtem Respekt und absolutem Wohlwollen. Ich vermisse unsere gemeinsamen Tage, das blinde Verstehen, den Spaß und das Vertrauen. Selten habe ich einen ehrlicheren Freund gefunden.

Raiffeisen Campus Dernbach – ich empfinde es als großes Glück, diese Schule für meinen Sohn gewählt zu haben. Danke für Ihr Verständnis, das mein Sohn so viele Arzttermine wahrnehmen muss und dann noch unschöne Gerichtstermine dazu gekommen sind. Ein besonders herzlicher Dank gilt seiner Klassenleitung Frau Miriam Umbscheiden. Es ist nie ein besonders schönes Gefühl, der Lehrerin schreiben zu müssen, dass ein Gerichtsverfahren ansteht und das Kind mal wieder nicht am Unterricht teilnehmen kann, weil es ein Gespräch mit dem Jugendamt und mit seinem Verfahrensbeistand hat. Sie haben es geschafft, mir als Mutter nie ungute, negative Gefühle zu vermitteln. Danke

Zeitfracht Medien GmbH
Ferdinand-Jühlke-Straße 7
99095 Erfurt, Deutschland
produktsicherheit@kolibri360.de